Inhalt

Karstadt-Quelle: Durch Managementfehler zum Sanierungsfall?

Kernthesen

Beitrag

Fallbeispiele

Weiterführende Literatur

Impressum

Karstadt-Quelle: Durch Managementfehler zum Sanierungsfall?

S.Naujoks

Kernthesen

- Durch zahlreiche Unternehmenskäufe wie z.B. Neckermann, Hertie, Starbucks und Fitnessstudios sowie Firmenbeteiligungen wie z.B. an Thomas Cook und dem Deutschen Sportfernsehen (DSF) wurden Synergieeffekte und Umsatzsteigerungen erwartet, die jedoch ausblieben. (2)
- Neben strategischen Fehlentscheidungen des Managements führten die allgemeine Konsumflaute in Deutschland und die veränderten Konsumgewohnheiten, der Trend des Kunden weg vom Warenhaus,

zur schlechten Finanzlage des Karstadt-Quelle Konzerns. (2), (3), (4), (5), (6)
- Der Aufsichtsrat der Karstadt-Quelle AG hat in seiner Funktion als Kontrollgremium alle jetzt umstrittenen Entscheidungen des Managements mitgetragen. Zu den Mitgliedern des Aufsichtsrates zählen u.a. auch Gewerkschafts- und Arbeitnehmervertreter. (12), (13)
- Die Karstadt-Quelle AG will ein Sanierungskonzept für den angeschlagenen Konzern umsetzen, bei dem die Gewerkschaft verdi bis zu 10.000 Arbeitsplätze als gefährdet ansieht. (11)

Beitrag

Karstadt-Quelle Ein Traditionsunternehmen wird zum Sanierungsfall

Seit einigen Wochen ist der Konzern Karstadt-Quelle AG auf den Titelseiten der Wirtschaftspresse zu finden. Insolvenzgerüchte, Sanierungskonzepte sowie Verhandlungen zwischen den Arbeitnehmervertretern und der Gewerkschaft verdi stehen derzeit auf der

Tagesordnung. Da stellt sich die Frage, was ist passiert mit dem größten europäischen Warenhaus- und Versandhandelskonzern? Welche Entscheidungen des Managements führten dazu, dass der Karstadt-Quelle Konzern heute ein Sanierungsfall ist? Und, warum spricht sogar der Bundeskanzler Schröder von einem Managementversagen in seiner krassesten Form? (1)

Das Management der Vergangenheit

Lange Zeit galt der Karstadt Konzern als König des Einzelhandels (2). Vor allem unter der Führung von Walter Deuss, der den Konzern fast 18 Jahre lang leitete bis ins Jahr 2000. (2), (4). Unter Walter Deuss wurde eine Expansionsstrategie betrieben, die unter anderem darin bestand, Firmen zu kaufen wie Neckermann (1984) und später den angeschlagenen Wettbewerber Hertie (1994). Mit Neckermann wurde der erste Schritt ins Reisegeschäft vollzogen und mit Hertie investierte Karstadt in eine weitere Sammlung von heterogenen Warenhausstandorten in den Innenstädten. (2), (3) In der Phase des allgemeinen Reisebooms wurde 1997 zusammen mit der Lufthansa, die Reisetochter Thomas Cook gegründet. (2), (3) Und 1999 versprach sich Deuss von der Fusion mit dem Versandhaus Quelle eine deutliche Stärkung der Marktposition und Synergieeffekte in der Versandhandelssparte des Konzerns. (2), (4)

Die erwarteten Synergieeffekte im Konzern blieben jedoch aus und der Aktienkurs verlor seit seinem Höchstkurs fast 70 Prozent an Wert. (2) In dieser Zeit zeichneten sich aber auch allgemeine Entwicklungen in der Branche ab, denen in der Ära Deuss nicht mit verstärktem Augenmerk begegnet wurden. Diese Entwicklungen waren z.B.:

- Die allgemeine Konsumflaute in Deutschland: Die schlechte Konjunktur im deutschen Einzelhandel führte zu Umsatzeinbrüchen und Insolvenzen bei vielen Handelsunternehmen. (5) Durch ein Geschäftsmodell, welches sich auch für das Ausland eignet, hätte man Umsatzeinbußen auf dem heimischen Markt mit Umsätzen aus dem Ausland kompensieren können. Durch eine solche Internationalisierungsstrategie hätte man sich frühzeitig unabhängiger von den Entwicklungen am deutschen Markt machen können. (3) Der Auslandsumsatz des Karstadt Konzerns betrug damals jedoch nur rund 10 Prozent. Damit traf Karstadt die schlechte Inlandskonjunktur natürlich sehr hart. (2), (4) Im Vergleich dazu expandierte der Konkurrent Metro z.B. stark in Richtung Osteuropa und konnte sich damit ein weiteres Standbein aufbauen und negative Umsätze in Deutschland kompensieren. (2), (6), (4)

- Der Trend der Kunden weg vom Warenhaus:
Die großen Einkaufszentren vor den Toren der Städte sind zum Publikumsmagneten geworden. Hier finden die Kunden nicht nur ausreichend Parkplätze sondern auch Factory-Outlets, Discounter sowie Luxus-Fachgeschäfte unter einem Dach. Dieses Konzept lockte die Kunden raus aus den Innenstädten zu den Einkaufszentren auf der grünen Wiese. Bei den Warenhäuser und Fachhandelsgeschäften in den Innenstädten führte dies zu Umsatzrückgängen. (2), (3) Beim Karstadt-Quelle Konzern zog man damals keine ausreichende Konsequenzen. So hielt das Management damals an allen existierenden Warenhausstandorten in den Innenstädten fest. Möglicherweise, weil bei einer Schließung von innerstädtischen Standorten, massive Probleme mit den Arbeitnehmervertretern im Konzern vorprogrammiert gewesen wären. (2), (4) Im Vergleich dazu trennte sich beispielsweise der Konkurrent Metro von kleineren Warenhäusern in den Innenstädten. (2)

- Die Ansiedlungspolitik der Kommunen:
In einer Zeit in der die Kommunen es förderten, wenn sich Gewerbeparks oder Einkaufszentren auf der grünen Wiese ansiedelten, hatte dies zur Folge, dass

die Kaufkraft von den Innenstädten abfloss und die Innenstadt mit seinen Warenhäusern und Fachgeschäften seine Magnetwirkung verlor. (1), (2), (7) Seit der aktuellen Krise beim Karstadt Konzern sorgen sich nun die Bürgermeister vieler Städte um den Fortbestand vieler Karstadt-Warenhäuser in Ihren Städten und den damit verbundenen Arbeitsplätzen. (7)

- Die veränderten Konsumgewohnheiten der Kunden: Eine interessante Entwicklung bei den Konsumgewohnheiten von Kunden ist der Fluch der Mitte (8). So kaufen Kunden entweder möglichst billig bei Discountern oder geben ihr Geld mit Hingabe im Luxus-Fachhandel aus. Wer in dieser Zeit eine Sortimentspolitik betreibt, die alles in durchschnittlicher Qualität, mit durchschnittlichem Service zu durchschnittlichen Preisen anbietet, weist ein Profil auf, welches von den Kunden derzeit als wenig attraktiv angesehen wird. (8) Während die Metro Gruppe ihr Sortiment in seinen Kaufhof-Warenhäusern straffte und das Galeria-Konzept (6) einführte, hielt das Management des Karstadt Konzern im wesentlichen an der bestehenden Sortimentspolitik Alles unter einem Dach fest. (2), (3)

Im Herbst 2000 musste Walter Deuss dann gehen. Unter seinem Nachfolger Wolfgang Urban, der vom

Konkurrenten Metro kam, erfolgten nur geringfügige Änderungen der Geschäftsstrategie. (2) Auch er investierte lieber im Inland als im Ausland und er wollte auch keine Warenhäuser schließen, aus Sorge davor, durch sinkende Abnahmevolumen bei den Lieferanten schlechtere Einkaufspreise zu bekommen und auch in die Sortimentspolitik der Warenhäuser veränderte er nicht. (2), (4). Das Sortiment und die Präsentation der Waren in den anderen Fachgeschäften des Karstadt-Quelle Konzern war fast schon ideenlos, sogar verstaubt im Vergleich zur Konkurrenz. (3) So können sich die Textilketten Sinn-Leffers und Wehmeyer des Karstadt-Quelle Konzern nicht richtig durchsetzen gegenüber H&M oder Zara, die von jungen Kunden deutlich bevorzugt werden. Ebenso die Elektronik- und Unterhaltungsgeschäfte WOM und Schaulandt sind für die Zielgruppe weniger interessant als die aggressiveren und frischeren Läden von Media Markt und Saturn des Metro-Konzerns. (2) Thomas Cook wurde nach dem 11. September 2001 als Folge der allgemeinen Tourismuskrise zum Sanierungsfall. (2).

Nichtsdestotrotz ging die Expansionsstrategie unter Wolfgang Urban weiter. Um vor allem die jüngeren Kunden wieder in die Warenhäuser zu locken, beschloss Karstadt-Quelle Ende 2001 die Übernahme der Mehrheit an der US-Kaffeehauskette Starbucks in Deutschland. Seltsam ist nur, dass viele der Starbuck-

Cafes gar nicht in den Karstadt-Warenhäusern eröffnet wurden, sondern woanders. (2)

Um als Deutschlands größter Sportartikelhänder (u.a. auch mit den Sportfachgeschäften Golfhouse und RunnersPoint) eine Verkaufsplattform für Sportartikel zu bekommen, übernahm der Karstadt-Quelle Konzern dann im Jahr 2003 40 Prozent des Deutschen Sportfernsehens. Fraglich war nur, ob der normale DSF-Zuschauer damals überhaupt eine direkte und Umsatz bringende Verbindung zu Karstadt oder seinem Fachhandel als Sportartikelhändler herstellen konnte. (2)

Zur Erzielung weiterer Synergieeffekte und um eine weitere Plattform für den Vertrieb von Sportartikel zu bekommen übernahm der Handelskonzern im Jahr 2003 sogar eine Fitnessstudio-Kette mit neun Fitness-Studios. (2), (4)

Der Aktienkurs begann 2002 weiter abzustürzen, die Jahresüberschüsse schrumpften weiter auf 107,6 Millionen Euro und der Konzernumsatz ging weiter auf 15,3 Milliarden Euro zurück. (4). So musste auch Wolfgang Urban zum 1. Juni 2004 gehen.

Unter dem seit Mitte 2004 neuen Aufsichtsratsvorsitzenden Thomas Middelhoff, dem ehemaligen Vorstandsvorsitzenden des Bertelsmann-

Konzerns, wurde der ehemalige Chef der Versandhandelssparte (Quelle und Neckermann) Christoph Achenbach zum neuen Vorstandschef bestellt. (9) Nun muss das Duo Achenbach und Middelhoff versuchen, den Karstadt-Quelle Konzern mittels einer Radikalkur zu retten. Sie müssen ein Sanierungskonzept vorlegen, welches vor allem zu tiefen Einschnitten auf der Arbeitnehmerseite führen wird. (10)

Das geplante Sanierungskonzept

Das Sanierungsprogramm, welches der Aufsichtsrat Ende September 2004 beschlossen hat, beinhaltet einschneidende Veränderungen: (10), (11)

- Die rund 300 Fachgeschäfte, die Karstadt-Quelle im Sport- und Modebereich betreibt (Runners Point, Golf House, Wehmeyer, SinnLeffers) sollen verkauft werden.
- 77 der kleineren Warenhäuser (unter 8000 Quadratmeter) sollen in eine eigene Gesellschaft überführt werden und möglichst schnell in einem Block verkauft werden.
- Die beiden Versandhäuser Quelle und Neckermann sollen neu positioniert und besser voneinander abgegrenzt werden.

- Des Weiteren will sich der Konzern von seinen Starbucks-Anteilen und von seinen Fitness-Studios trennen.

Auswirkungen des Sanierungskonzeptes (12)

Im Rahmen des Sanierungskonzeptes will die Unternehmensführung vor allem auch die Personalkosten um 3-stellige Millionen Beträge senken. Realisiert werden soll dies u.a. durch Gehaltskürzungen, Reduzierung der Urlaubstage, den Verzicht auf übertarifliche Leistungen und einer Erhöhung der Wochenarbeitszeit auf bis zu 42 Stunden. (11) Die Gewerkschaft verdi, die bis zu 10.000 Arbeitsplätze als gefährdet ansieht, ist zu solchen Zugeständnissen derzeit noch nicht bereit. (11) Drohen die Gespräche der Unternehmensführung mit den Arbeitnehmervertretern aufgrund zu geringer Zugeständnisse allerdings zu scheitern, müssen alle der 100.000 Mitarbeiter des Karstadt-Quelle Konzerns im Falle einer Insolvenz bzw. Konkurs um Ihren Arbeitsplatz fürchten. (12)

Abgesehen von den Arbeitnehmervertretern die sich für die Interessen der Mitarbeiter bei der Ausgestaltung des Sanierungskonzeptes einsetzen, gibt es eine Vielzahl an weiteren Interessensgruppen wie z.B. die Banken, die Lieferanten, die Groß-Aktionäre, die Politiker welche die erfolgreiche Umsetzung des Sanierungskonzeptes beeinflussen können bzw. auf die das Sanierungskonzept Auswirkungen haben wird. (12)

Die Bedeutung des Aufsichtsrates in der Vergangenheit

Bei allen Vorwürfen an das ehemalige Management des Karstadt-Quelle Konzerns darf aber auch nicht vergessen werden, dass der Aufsichtsrat alle Entscheidungen des Vorstandes mitgetragen hat.

So haben die Vertreter der Gewerkschaft und der Betriebsräte als Mitglieder des Aufsichtsrats des Karstadt-Quelle Konzerns, die von ihnen jetzt kritisierten Management-Entscheidungen damals mitgetragen. (12) Auch behaupten Stimmen, dass sich die Arbeitnehmervertreter im Aufsichtsrat Zugeständnisse an den Vorstand mit Zugeständnisse an Mitarbeiter bezahlen haben lassen, was sich beispielsweise in den höchsten Personalkosten der Einzelhandelsbranche widerspiegelt. (13)

Auch die Vertreter der Großaktionäre im Aufsichtsrat Schickedanz und Allianz/Dresdnerbank, haben die strategischen Entscheidungen der ehemaligen Vorstände der Karstadt-Quelle AG mitgetragen. (3)

Fallbeispiele

Weiterführende Literatur

(1) Kanzler: Eklatante Fehler der Karstadt-Führung
aus Stuttgarter Zeitung, 01.10.2004, S. 11

(2) Der Essener Handelskonzern ist durch unsinnige Zukäufe und halbherzige Sanierungsversuche in die Krise geschlittert Die lange Liste der Fehlentscheidungen
aus Die Welt, Jg. 59, 11.10.2004, Nr. 238, S. 13

(3) Ausverkauf in Essen
aus Frankfurter Allgemeine Zeitung, 29.09.2004, Nr. 227, S. 13

(4) Büschemann, Karl-Heinz, Krise der Warenhäuser: Sanierung schockiert die Arbeitnehmer Nach 100 Tagen kam die Wende, Süddeutsche Zeitung, 29.09.2004, Ausgabe Deutschland, S. 22
aus Frankfurter Allgemeine Zeitung, 29.09.2004, Nr.

227, S. 13

(5) O.V., Einzelhandel revidiert Prognose nach unten, Süddeutsche Zeitung, 17.09.2004, Ausgabe Deutschland, S. 21
aus Frankfurter Allgemeine Zeitung, 29.09.2004, Nr. 227, S. 13

(6) Weber, Stefan, Ungleiche Konkurrenten, Süddeutsche Zeitung, 28.09.2004, Ausgabe Deutschland, S. 21
aus Frankfurter Allgemeine Zeitung, 29.09.2004, Nr. 227, S. 13

(7) Weber, Stefan, Die Suche nach den Schuldigen, Süddeutsche Zeitung, 05.10.2004, Ausgabe Deutschland, S. 22
aus Frankfurter Allgemeine Zeitung, 29.09.2004, Nr. 227, S. 13

(8) SCHLAGLICHTER
aus Die SparkassenZeitung, 01.10.2004, Nr. 40, S. 4

(9) Middelhoff zieht bei KarstadtQuelle die Zügel an Aufsichtsrat setzt Führungswechsel durch · Neuer Konzernchef Achenbach will Sparkurs fortsetzen
aus Financial Times Deutschland vom 18.05.2004, Seite 1

(10) Weber, Stefan, Bein, Hans-Willy, Harte Einschnitte bei Karstadt-Quelle, Süddeutsche Zeitung, 29.09.2004, Ausgabe Deutschland, S. 21

aus Financial Times Deutschland vom 18.05.2004, Seite 1

(11) Weber, Stefan, Bis zum Hals im Wasser, Süddeutsche Zeitung, 12.10.2004, Ausgabe Deuschland, S. 2
aus Financial Times Deutschland vom 18.05.2004, Seite 1

(12) Karstadt-Quelle bleibt nicht mehr viel Zeit: Noch in dieser Woche muß der Streit zwischen Vorstand und Gewerkschaft geschlichtet sein - sonst droht der Konkurs. Der Kampf der Interessengruppen ist voll entbrannt Taktieren am Abgrund
aus Die Welt, Jg. 59, 12.10.2004, Nr. 239, S. 16

(13) Karstadt
aus Die Welt, Jg. 59, 06.10.2004, Nr. 234, S. 8

Impressum

Karstadt-Quelle: Durch Managementfehler zum Sanierungsfall?

Bibliografische Information der deutschen Nationalbibliothek

Die Deutsche Nationalbibliothek verzeichnet diese Publikation in der deutschen Nationalbibliografie; detaillierte bibliografische Daten sind im Internet über http://dnb.d-nb.de abrufbar.

ISBN: 978-3-7379-0166-6

© 2015 GBI-Genios Deutsche Wirtschaftsdatenbank GmbH, Freischützstraße 96, 81927 München, www.genios.de

Alle Rechte vorbehalten. Dieses Werk ist einschließlich aller seiner Teile – z.B. Texte, Tabellen und Grafiken - urheberrechtlich geschützt. Jede Verwertung außerhalb der Grenzen des Urheberrechtsgesetzes bedarf der vorherigen Zustimmung des Verlags. Dies gilt insbesondere auch für auszugsweise Nachdrucke, fotomechanische

Vervielfältigungen (Fotokopie/Mikroskopie), Übersetzungen, Auswertungen durch Datenbanken oder ähnliche Einrichtungen und die Einspeicherung und Verarbeitung in elektronischen Systemen.